새생명 이야기

어린이 제자양육 교재
새생명 이야기

1판 1쇄 인쇄 2021년 12월 24일
1판 1쇄 발행 2022년 1월 1일
저자 김문철 이주헌 이홍우 주종호 호명성
감수 이풍우
발행 김선희
편집 교사선교회출판위원회
일러스트 김초롱
디자인 정선형
제작 김혜정 이광우
인쇄 한국학술정보(주)
ISBN 979-11-89782-46-7 (73230)
값 4,000원

템북 TEMBOOK

주소 인천 중구 신도시남로142번길 6, 402호
전화 032-752-7844
팩스 032-752-7840
홈페이지 www.tembook.kr
출판등록 2018년 3월 9일 제2018-000006호.

어린이 제자양육 교재

새생명 이야기

저자 김문철 이주헌 이홍우 주종호 호명성

감수 이풍우

하나님 나라 여행으로 초대합니다

여러 가지 질문

'이 세상은 언제부터 시작되었을까? 이 세상에는 신이 정말 있을까? 나는 누구일까? 나는 왜 태어났을까? 나는 무엇을 하며 어떻게 살아야 할까? 사람이 죽으면 그다음에는 무엇이 있을까?'

혹시 이런 고민을 해본 적이 있나요? 누구나 한 번쯤은 삶과 죽음에 관해 생각해 본 적이 있었을 거예요. 그런데 혼자 곰곰이 생각해 봐도, 다른 사람에게 물어봐도, 책이나 인터넷을 찾아보아도 정확한 답을 얻기 어렵지요. 이런 많은 질문에 대한 답이 바로 성경 속에 있답니다.

하나님의 말씀을 기록한 성경

성경은 하나님과 그분의 뜻을 사람들에게 알려주시기 위해 성령님에 의해 기록된 말씀이에요. 성경은 구약 39권, 신약 27권이고, 구약과 신약을 합해 1189장이나 되는 두꺼운 책인데, 약 1600년 동안 40명이 넘는 사람들이 기록하여 완성된 책이랍니다. 그런데 놀랍게도 수십명의 사람들이 각각 다른 시대에 살면서 기록했음에도 성경은 모든 내용이 서로 일치하고 정확해요. 그것은 성경을 쓴 모든 사람이 하나님이 주신 생각과 감동에 따라 기록했기 때문이랍니다.

우리는 성경을 통해 하나님이 선택한 사람들이 어떠한 삶을 살았는지 들여다보며 우리가 궁금해했던 문제의 답을 찾을 수 있어요. 또 성경의 이야기 속에서 우리는 하나님이 다스리시는 나라의 모습을 엿볼 수 있답니다. 성경에는 하나님이 왕이 되셔서 그 백성을 다스리며 하나님의 나라를 이루어 나가는 과정이 그려져 있기 때문이에요.

✝ 하나님 나라를 향한 여행으로의 초대

성경은 여러분을 하나님 나라로 부르는 초대장이기도 해요. 바로 여러분을 향해 쓰신 하나님의 편지이니까요. 하나님은 여러분이 이 편지를 읽고 하나님의 사랑을 깨닫기를 바라고 계셔요. 그리고 사람들이 겪고 있는 삶과 죽음의 문제를 해결하고, 하나님이 주시는 새롭고 영원한 생명을 여러분이 선물로 받아 하나님 나라에 들어가기를 원하신답니다.

여러분에게 목숨까지 아낌없이 내어주시는 하나님의 사랑 이야기를 들려주고 싶어요. 세상 무엇과도 비교할 수 없이 값진 선물인 영원한 생명 이야기를 여러분에게 꼭 소개하고 싶어요. 여러분은 바로 그 선물을 받을 소중한 사람이기 때문이에요.

성경에는 과연 어떤 이야기가 펼쳐질지, 여러분을 위해 준비된 선물은 무엇일지, 하나님 나라는 어떤 모습일지 기대가 되지 않나요? 하나님 나라를 향한 여행으로 여러분을 초대합니다. 우리 함께 즐거운 여정을 떠나 봅시다!

1과 하나님이 세상을 만드셨어요

이 세상은 어떻게 생겨났을까요?

고요한 밤하늘에 떠 있는 수많은 별을 본 적이 있나요? 쏟아질 듯 반짝이는 별을 보며 저 별은 어디에 있을까, 언제 어떻게 만들어졌을까 생각해 본 적이 있나요?

우주는 매우 커요. 태양을 제외하고 지구에서 가장 가까운 별까지는 빛의 속도로 가도 4년이 넘는다고 하니, 한 시간에 5만 km를 가는 빠른 우주선을 타고 가더라도 8만 년이 넘게 걸릴 거예요. 밤하늘을 수놓은 많은 별 중 우리 눈으로 볼 수 있는 것은 3000개 정도이지만, 우리가 사는 은하에만 별들이 천억 개가 넘고 또 우주에는 이런 은하가 천억 개나 존재해요.

너무도 웅장하여 그 크기를 가늠조차 할 수 없는 우주와, 우리가 살아가는 아름다운 이 세상은 어떻게 생겨난 것일까요? 그리고 지구 위 수많은 사람과 동식물은 어떻게 만들어진 것일까요?

하나님을 믿지 않는 과학자들은 우주가 우연히 만들어졌다고 설명해요. 또 유인원*이 오랜 시간에 걸쳐 새로운 환경에 적응하면서 사람으로 진화했다고 주장하고 있어요. 하지만, 주장만 할 뿐 명확한 증거나 설명은 없어요.

이 세상과 사람의 시작에 관하여 성경에서는 분명하게 설명하고 있어요.

스스로 계시는 하나님

사람들이 존재하기 전, 이 세상이 만들어지기 전, 맨 처음에는 아무것도 없었어요. 아무것도 보이지 않고, 아무것도 들리지 않고, 아무것도 만질 수 없었어요. 오직 어둠과 고요함만 있었을 뿐이었지요.

그런데 그곳, 한 줄기 가느다란 빛도 없고, 작은 바람 소리도 나지 않고, 작은 티끌조차 찾을 수 없었던 바로 거기에, 하나님이 홀로 계셨어요. 하나님은 사람이 태어나기 전부터, 우주가 생기기 전부터 존재하셨어요. 하나님은 누구로부터도 만들어지지

***유인원**: 사람과 비슷하게 생긴 오랑우탄, 침팬지, 고릴라 등의 동물

않고 스스로 계시는 분이에요. 하나님은 시간과 공간의 제약을 받지 않기 때문에 언제 어디든 존재하시는 분이랍니다.

> 산들이 생기기 전에, 땅과 세계가 생기기 전에, 영원부터 영원까지, 주님은 하나님이십니다. _시편 90:2

천지 창조

하나님은 굉장한 계획을 이미 마음에 품고 계셨어요. 그리고 때가 되자 하나님은 그 계획에 따라 세상의 모든 것을 하나씩 하나씩 만들어가셨어요.

> 태초에 하나님이 천지를 창조하셨다. _창세기 1:1

하나님이 "빛이 생겨라."라고 말씀을 하시니, 어둠 속에서 밝은 빛이 생겼어요. 하나님은 빛과 어둠을 나누시고, 빛에게 "너는 낮이야."라고 하셨고, 어둠에게는 "너는 밤이야."하고 불러 주셨지요.

그다음 하나님은 하늘을 만드시고, 물을 하늘 아래 있는 바다와 하늘 위에 떠 있는 구름으로 나누셨어요. 땅에는 아름다운 풀과 채소와 열매 맺는 나무를 자랄 수 있게 하셨어요.

하나님이 해와 달과 별들을 부르시자, 해와 달과 별들이 하나님께 인사를 드렸고, 낮에는 해가, 밤에는 달과 별이 하늘에서 지구를 비추도록 하셨지요.

하나님이 "새야, 생겨라."라고 말씀하시자, 하늘 곳곳에서는 앵무새, 독수리, 부엉이, 참새 등이 날갯짓을 하며 각자의 아름다운 목소리로 하나님께 노래했어요. "물고기야, 생겨라."라는 말씀에 바다에 상어, 오징어, 가오리, 날치와 같은 크고 작은 물고기들이 열심히 헤엄치며 파도를 갈랐어요. 하나님이 "동물들아, 생겨라." 외치시자, 호랑이, 코끼리, 말, 양, 악어, 사슴 등 다양한 동물이 자기 목소리로 하나님께 힘껏 대답했지요.

하나님은 계획하셨던 대로 세상을 창조하시고 피조물*을 하나씩 만드시면서 이렇게 말씀하셨어요.

"너희를 바라보고 있으니 참 좋구나."

하나님의 계획대로 만들어진 세상은 완벽한 질서가 깃든 평화롭고 아름다운 곳이었거든요. 그러나 위대한 창조는 아직 끝나지 않았답니다. 하나님은 잠시 숨을 고르신 후 이제 곧 세상에 모습을 드러낼, 하나님이 가장 정성 들여 만들어낼 최고의 작품을 준비하고 계셨지요. 창조의 가장 빛나는 장면이 곧 시작되려고 하였습니다.

---

*피조물: 하나님이 만드신 모든 것(사람, 동물, 식물, 자연 등)

이야기 속에서 답을 찾아보세요.

1. 하나님은 언제부터 계셨나요?

2. 성경에서는 이 세상을 누가 만들었다고 했나요?

 이야기를 읽고 곰곰이 생각해 보세요.

3. 하나님은 하늘과 땅과 모든 동물과 식물을 말씀으로 창조하셨습니다. 하나님의 말씀에는 어떤 능력이 있을까요? 히브리서 4:12

4. 여러분은 아름다운 자연과 우주를 보며 창조의 신비를 느낀 적이 있나요? 하나님의 놀라운 솜씨에 감탄했던 경험이 있다면 이야기 해 봅시다.

_____

_____

_____

_____

_____

5. 하나님이 처음 만드신 세상은 완전하고 아름다운 곳이었습니다. 하나님이 만드신 세상에 가득했던 것과 없었던 것으로는 어떤 것들이 있을지 생각하여 봅시다.

_____

_____

_____

_____

_____

_____

2과 하나님의 형상대로 사람을 지으셨어요

하나님의 형상대로 지어진 사람

하나님이 만드신 모든 것은 보기에 아름답고 훌륭했어요. 그런데 그 모든 작품 중에서도 하나님이 더욱 특별한 관심을 기울여 정성껏 만드신 게 있답니다. 그것은 바로 사람이었어요.

> 하나님이 말씀하시기를 "우리*가 우리의 형상을 따라서, 우리의 모양대로 사람을 만들자." _창세기 1:26

하나님이 세상을 만들기 시작한 지 여섯 번째 되던 날, 하나님은 하나님의 모습을 따라서 흙으로 손수 사람을 빚으셨어요. 그리고 코에 생기를 '후!'하고 불어 넣으셔서 살아 숨을 쉬게 만드셨어요. 하나님의 성품을 닮은 사람이 세상에서 살아가도록 하신 것이지요.

하나님이 만드신 첫 번째 사람의 이름은 아담이에요. 하나님은 에덴에 동산을 만드셔서 아담을 그곳에 살게 하셨어요. 그리고 아담이 혼자 있는 것을 좋지 않게 여기시고 그의 짝 하와를 만들어 주셨지요. 이것이 바로 가정의 시작이에요. 하나님은 아담과 하와가 가정을 이루고 하나님이 만드신 아름다운 세상에서 하나님의 뜻대로 행복하게 살아가기를 원하셨어요. 아담과 하와는 하나님께 감사하며 자신을 만드신 하나님을 찬양했답니다.

하나님과 사람의 특별한 관계

하나님이 만드신 세상은 온전히 아름답고 선한 곳이었어요. 하나님의 계획대로 만들어진 모든 것이 평화 속에서 조화를 이루며 살아가고 있었기 때문에, 세상에는 다툼이나 눈물이 없었고, 두려워하거나 걱정할 필요도 없었지요.

---

* **우리**: 성부, 성자, 성령 삼위일체 하나님

하나님은 하나님이 만드신 모든 것 중에서도 사람을 더욱 사랑하셨어요. 하나님은 사람이 하나님의 모습을 닮도록 직접 만드셨기 때문에 사람에게 더 특별한 복을 주셨지요. 사람에게는 바다의 물고기와, 하늘의 새와, 땅 위의 모든 동물을 다스릴 수 있도록 맡기셨고, 땅 위의 모든 채소와 열매도 마음껏 먹을 수 있게 하셨어요. 또 들에 있는 모든 짐승과 하늘의 새를 아담 앞으로 불러 모으셔서, 아담이 동물들의 이름을 직접 지어 부를 수 있도록 하셨답니다.

하나님은 하나님이 만드신 세상을 사람들이 다스리는 것을 바라보시는 게 참 기쁘셨어요. 하나님 모습을 닮은 사람이 하나님 뜻대로 세상을 아름답게 가꾸어가기를 원하셨거든요. 이렇게 하나님은 6일 동안 온 세상을 창조하시고, 하나님이 만드신 모든 것을 사랑스럽게 바라보시며 매우 기뻐하셨어요.

하나님이 손수 만드신 모든 것을 보시니, 보시기에 참 좋았다. _창세기 1:31상

하나님이 사람을 만드신 이유

하나님이 사람을 왜 만드셨는지 생각해 본 적이 있나요? 하나님이 세상을 창조하신 다음 갑자기 무언가 떠올라 사람을 만드셨을까요? 아니면 어쩌다 우연히 사람이 만들어지게 된 것일까요?

하나님은 세상 창조 전에 그리스도 안에서 우리를 택하시고 사랑해 주셔서, 하나님 앞에서 거룩하고 흠이 없는 사람이 되게 하셨습니다. _에베소서 1:4

하나님은 세상을 만들기 전부터 사람을 계획하셨어요. 하나님이 사람을 만드신 것은 하나님께 영광을 돌리도록 하기 위해서였어요.

나의 이름을 부르는 나의 백성, 나에게 영광을 돌리라고 창조한 사람들, 내가 빚어 만든 사람들을 모두 오게 하여라. _이사야 43:7

세상 모든 것을 만들고 다스리시는 하나님은, 특별히 하나님이 가장 소중하게 만든 피조물인 사람들에게 찬양과 영광을 받기 원하셨어요. 그리고 사람들이 하나님을 예배하고 사랑하며 하나님과 영원히 기쁨을 함께 누리기를 바라셨지요. 사람은 하나님과 함께할 때 가장 즐겁고 행복할 수 있기 때문이에요.

또 하나님은 이 땅에 하나님 나라를 세우기 위해 사람을 창조하셨어요. 하나님 모습대로 만들어진 사람이 하나님 뜻에 따라 이 세상을 다스리고 아름답게 가꾸어가기를 바라셨던 거예요. 사랑과 정의가 가득한 하나님 나라를 이 땅에 온전히 세워가길 기대하셨답니다.

완전한 하나님의 손길로 빚어진 여러분은 하나님의 최고의 작품이에요. 세상 모든 것을 완벽하고 조화롭게 만드신 하나님이 세상을 창조하기 전부터 바로 여러분을 계획하고 만드셨답니다. 하나님은 세상 그 무엇보다 소중하고 특별하게 만들어진 여러분을 사랑스럽게 바라보시며 역시 이렇게 말씀하셨을 거예요.

"보기에 참 좋구나."

Q & A

 이야기 속에서 답을 찾아보세요.

1. 하나님은 무엇으로 사람을 만드셨나요?

_____

_____

_____

2. 사람은 누구의 모습을 따라 만들어졌나요?

_____

_____

 이야기를 읽고 곰곰이 생각해 보세요.

3. 사람이 하나님의 형상을 닮았다는 것은 어떤 의미일까요?

_____

_____

_____

_____

4. 하나님이 사람에게 '생육하고 번성하여 땅에 충만하여라. 땅을 정복하여라. 바다의 고기와 공중의 새와 땅 위에서 살아 움직이는 모든 생물을 다스려라. 창세기 1:28' 라는 명령을 내리셨습니다. 하나님이 사람에게 주신 정복하고 다스리라는 명령의 뜻은 무엇일까요?

_____

_____

_____

_____

_____

5. 하나님은 하나님이 만드신 내가 어떻게 살아가길 바라실까요?

_____

_____

_____

_____

_____

_____

_____

_____

3과 반역이 일어났어요

선악과 이야기

하나님은 첫 사람들에게 채소와 나무 열매를 먹을거리로 주셨어요. 하나님은 특별히 에덴에 다양하고 맛있는 열매를 맺는 나무를 주셔서 아담과 하와가 언제라도 자유롭게 따 먹을 수 있도록 하셨어요. 단 선악과*만 빼고 말이에요. 하나님은 아담과 하와에게 분명히 말씀하셨습니다.

"선악과는 따 먹지 말아라. 네가 따 먹는 날에는 분명히 죽을 것이다."

이것이 바로 하나님이 사람에게 주신 첫 번째 규칙이었어요. 에덴동산에는 오직 '선악과를 따 먹지 말라'는 규칙 한 가지가 있을 뿐이었답니다.

어느 날 하나님이 지으신 동물 중 가장 교활하다고 하는 뱀이 여자에게 말을 걸었어요.

"하와야, 내가 어디서 들은 말인데, 하나님이 정말로 너희에게 여기 있는 모든 나무 열매를 먹지 말라고 하셨어?"

"아니야, 우리는 에덴동산 나무 열매를 먹을 수 있어. 그런데 하나님이 저 선악과는 먹지도 말고 만지지도 말라고 하셨어. 우리가 죽는다고 하셨거든."

"너는 그걸 믿니? 아니야. 너희는 결코 죽지 않아. 오히려 너희 눈이 밝아져서 하나님처럼 될 거야."

뱀의 말을 듣고 하와는 다시 선악과를 보았어요. 선악과가 참 맛있어 보였고, 먹고 싶다는 생각도 들었어요. 심지어 저 열매를 먹으면 정말 하나님처럼 될지도 모른다는 생각도 들었답니다. 결국 하와는 열매를 따서 먹고, 아담에게도 주었어요.

이것이 첫 범죄의 현장이에요. 단 하나밖에 없었던 에덴동산의 규칙을 어기고 죄를 짓는 순간이었어요. 그 결과는 어땠을까요? 죄의 결과는 하나님의 말씀처럼 죽음이었어요. 선악과를 따 먹는 순간, 마치 보이지 않는 독처럼 죽음은 사람에게 흘러들어 왔어요. 에덴동산에서 최고의 자유를 누리며 하나님과 함께 살았던 사람은 더 이상 하나님을 만날 수 없었어요. 사람은 에덴동산에서 쫓겨나 다시는 돌아올 수 없게 되었고 그 몸도 늙

---

* **선악과**: 먹으면 선과 악을 알게 된다는 에덴동산 중앙에 있었던 나무의 열매

고 병들어 언젠가 죽음에 이르게 되었지요. 겉으로는 아무것도 변한 것이 없었지만, 그 안에 담겨 있던 하나님의 형상은 이미 망가져 버렸답니다.

가인과 아벨 이야기

아담과 하와는 에덴동산에서 쫓겨나 두 아들을 낳았어요. 첫째 아들 가인은 농사를 짓는 농부였고, 둘째 아들 아벨은 양을 치는 목자였어요. 그런데 이 아담의 가정에 또 다시 비극적인 일이 일어났어요. 가인과 아벨이 하나님께 예배를 드리게 되었지요. 농부였던 가인은 땅에서 수확한 곡식과 열매를 예물로 드렸고, 목자였던 아벨은 양의 첫 새끼를 예물로 드렸어요. 그런데 하나님은 가인이 드린 것은 받지 않으시고 아벨이 드린 것만을 기쁘게 받으셨답니다. 비극은 여기에서 시작되었습니다. 가인은 하나님 앞에서 얼굴색이 바뀔 정도로 화가 났어요. 화는 동생인 아벨에게 향하였고, 아무도 보지 않는 들에서 가인은 아벨을 쳐 죽였어요. 그 첫 살인의 현장을 아무도 보지 못했을까요? 하나님은 가인에게 이렇게 말씀하셨어요.

"네 아우 아벨이 어디 있느냐?"

하나님의 이 물음은 선악과를 따먹고 숨어있던 아담에게 찾던 "네가 어디 있느냐?" 창세기 3:9 하는 물음과 참 닮았어요. 하나님이 지으신, 하나님의 형상을 닮은 사람은 이제 어디에도 없는 것 같아요. 아담의 아들이자 첫 살인자 가인은 하나님 앞에서 자신이 죄를 지었음을 깨닫고 한없이 괴로워하였답니다.

큰 홍수와 바벨탑 이야기

첫 살인자 가인 이후로, 아담의 자손들은 저마다 삶의 주인이 되어 '자기의 생각대로' 살아갔어요. 사람들은 하와를 유혹한 뱀의 말처럼 '자기의 생각대로' 살아가는 것이 바로 내 삶의 주인이 되어 사는 것이라고 생각했어요.

아담의 자손들은 자녀를 많이 낳았고 어느새 이 세상에 가득하게 되었어요. 그리고 그만큼 사람들의 죄도 이 세상을 가득 채웠지요. 이 땅에 사람들의 죄가 넘쳐나자, 의로운 재판장이신 하나님은 큰 홍수로 땅 위의 모든 것을 쓸어버리려 하셨어요. 하지만 단 한 사람, 노아를 선택하셔서 방주*를 짓게 하셨고, 사람들이 홍수를 피할 기회를 주셨답니다. 곧 홍수가 올 것이니 산꼭대기의 방주로 피해야 한다는 노아의 이야기를 들은 사람들은 어떻게 했을까요? 사람들은 노아가 전하는 하나님의 말씀에 아무도 귀기울이지 않았어요. 심판의 날에 방주로 들어간 사람은 노아의 가족 말고는 없었지요. 큰 홍수가 지나고 세상에는 노아의 가족만 남게 되었습니다. 노아로부터 다시 시작된 사람들은 하나님께 돌아갔을까요?

노아의 자손들도 자녀를 많이 낳았고 어느새 세상에 가득하게 되었어요. 그러던 어느 날 시날이라는 땅에 많은 사람이 모여 말했어요.

"벽돌과 역청**으로 튼튼한 성을 쌓고, 하늘에 닿을 정도로 높은 탑을 쌓자. 그렇게 하면 우린 유명해질 것이고 누구도 우리를 흩어놓지 못할 거야."

사람들은 튼튼한 성을 쌓으면 안전할 것이고, 높은 탑을 쌓으면 하나님처럼 높아질 것이라고 생각했어요. 변한 것은 아무것도 없었답니다. 하나님은 큰 홍수로 사람들을 심판하셨지만, 사람들은 여전히 자신이 삶의 주인이 되어 '자기의 생각대로' 살고 있었던 거예요. 그러자 하나님은 이전까지 하나였던 언어를 여러 가지로 뒤섞어 버리셨어요. 사람들은 서로가 하는 말을 알아들을 수 없었고, 더 이상 일을 진행하지 못했어요. 그들은 어쩔 수 없이 언어가 같은 사람들끼리 흩어져 살게 되었지요.

선악과 사건 이후 사람들에게는 스스로의 욕심에 따라 죄를 짓는 죄성***이 생겼어요. 지금도 사람들은 '자기의 생각대로' 수많은 죄를 짓고 살아간답니다. 오늘의 뉴스를 살펴보세요. 범죄의 소식이 넘쳐납니다. 주변 사람들을 살펴보세요. 서로에게 화를 내고, 거짓말을 하고 싸우기도 합니다. 그리고 내 모습을 돌아보세요. 다른 사람이 볼 수 없는 내 마음을 들여다보세요.

> 모든 사람이 죄를 범하였습니다. 그래서 사람은 하나님의 영광에 못 미치는 처지에 놓여 있습니다. _로마서 3:23

---

* **방주**: 네모진 모양의 큰 배
** **역청**: 벽돌을 접착할 때 사용하는 아스팔트나 타르
*** **죄성**: 스스로 자기의 욕심에 따라 죄를 짓는 속성

이야기 속에서 답을 찾아보세요.

1. 하나님이 아담과 하와에게 명령하신 에덴동산의 유일한 규칙은 무엇이었나요?

2. 하나님은 죄의 결과를 무엇이라고 하셨나요?

 이야기를 읽고 곰곰이 생각해 보세요.

3. 아담과 하와가 선악과를 따 먹은 까닭 죄의 근원은 무엇인가요?

> "너는 그걸 믿니? 아니야. 너희는 결코 죽지 않아. 오히려 너희 눈이 밝아져서 하나님처럼 될 거야."
>
> 뱀의 말을 듣고 하와는 다시 선악과를 보았어요. 선악과가 참 맛있어 보였고 먹고 싶다는 생각도 들었어요. 심지어 저 열매를 먹으면 정말 하나님처럼 될지도 모른다는 생각도 들었답니다. 결국 하와는 열매를 따서 자신도 먹고 아담에게도 주었어요.

4. 이야기 속에 등장하는 죄의 여러 모습을 보고, 성경이 말하는 죄는 무엇인지 이야기해 봅시다.

- **아담과 하와의 죄:** 에덴동산에서 하나님이 유일하게 금지하신 규칙을 어김.
- **가인의 죄:** 질투하고 화를 냄. 화를 못 이기고 결국 동생을 죽임.
- **가인 이후 사람들의 죄:** 내가 내 삶의 주인이 되어 내가 하고 싶은 대로 삶.

_____

_____

_____

_____

_____

5. 나는 죄인인가요? 숨기고 싶은 나의 부끄러운 모습을 같이 이야기해 봅시다.

_____

_____

_____

_____

4과 하나님을 위한 백성을 선택하셨어요

약속을 받은 아브라함

큰 홍수의 심판으로도 사람들의 죄와 죽음의 문제는 해결되지 않았어요. 사람들은 여전히 '자기의 생각대로' 살아갔고, 하나님이 없는 사람의 나라를 세우기 시작했답니다. 하지만 하나님은 이런 아담의 자손들을 포기하지 않으셨어요. 하나님은 아주 조용히 한 사람, 아브라함을 선택하셨지요.

아브라함은 원래 하나님이 아니라 여러 우상을 섬기는 곳에서 태어났어요. 그런데 어느 날 하나님이 아브라함의 꿈속에 나타나셔서 이렇게 말씀하셨어요.

"너는 너의 고향과 아버지의 집을 떠나 내가 네게 보여 줄 땅으로 가라."

옛날에는 대부분 태어난 곳에서 평생을 살다 죽었답니다. 더욱이 75세 된 노인이 익숙한 고향을 떠나 목적지도 모른 채 길을 나선다는 것은 매우 어려운 일이었어요. 하지만 아브라함은 자신을 부르신 하나님을 믿었어요. 그리고 그 말씀에 순종하여 위대한 믿음의 여행을 시작했지요. 아브라함은 긴 여정 끝에 하나님이 가라고 명령하신 약속의 땅, 가나안에 드디어 도착했어요.

하나님은 아브라함에게 밤하늘의 별을 보여 주시며 그의 눈에 보이는 별처럼 수많은 자손을 주시겠다고 약속하셨어요. 그것은 아브라함에게 특별한 자격이 있어서가 아니었어요. 그저 하나님이 아브라함을 선택하시고, 그를 통하여 하나님의 백성을 이루시겠다고 작정하신 거예요.

아브라함은 75세 때 처음으로 하나님께 약속을 받았어요. 그리고 100세가 되어서야 겨우 이삭 한 명을 얻었답니다. 단 한 명일 뿐이었지만 아브라함의 아들 이삭은 하나님이 주신 약속의 시작이었어요. 그리고 그 약속은 아브라함과 그의 가족만을 위한 것이 아닌, 더 큰 계획의 시작이었지요. 아브라함의 자손으로 태어날 예수님을 통하여 모든 사람을 구원하려는 계획의 시작이었답니다.

아브라함의 아들 이삭은 리브가와 결혼하여 쌍둥이 에서와 야곱을 낳았어요. 그리고 형 에서에게 속임수로 큰아들의 자격을 빼앗은 동생 야곱은 열두 명의 아들을 낳았어요. 훗날 이 야곱의 열두 아들은 이스라엘 민족의 열두 지파가 된답니다.

하나님은 야곱을 통하여 이스라엘이라는 큰 민족을 만들 계획을 세우셨어요. 이를 위하여 하나님은 야곱의 아들 요셉을 선택하여 사용하셨지요. 야곱은 그의 아들 중 요셉을 특별히 사랑했어요. 그런 요셉을 질투한 형들은 아버지 몰래 요셉을 이집트_{애굽}의 노예로 팔아 버렸답니다. 하지만 하나님은 노예였던 요셉이 이집트의 총리가 되게 하셨어요. 그리고 최악의 흉년이 든 때, 야곱의 가족들을 이집트로 인도하여 살게 하셨답니다. 이집트는 나일강이 흐르고 날씨가 따뜻한 풍요로운 땅이었어요. 바로 그곳에서 야곱의 가족은 400여 년 동안 자녀를 낳아 키우며 어른 남자만 60만 명에 이르는 큰 민족이 되었지요.

약속의 땅을 향한 여행

400여 년의 시간이 흐르고 요셉을 모르는 파라오가 이집트를 다스리게 되었어요. 그는 이스라엘 민족이 커지는 것이 두려웠답니다. 그래서 이스라엘 사람들에게 힘든 노동을 시키며 괴롭혔고, 심지어는 태어나는 남자아이를 모두 죽이라는 끔찍한 명령까지 내렸어요. 이스라엘 민족은 고통 속에서 하나님께 부르짖어 기도했지요. 그러자 하나님은 마치 아브라함 한 사람을 선택하여 부르셨던 것처럼, 이스라엘 백성 중에서 모세를 부르셨어요. 하나님의 백성 이스라엘이 약속의 땅 가나안으로 돌아갈 때가 된 것이었답니다.

하나님이 고통받는 이스라엘 백성들을 구원하기 위해 모세를 부르셨을 때 그는 80세였어요. 하나님은 모세에게 나타나셔서 이스라엘 백성들을 이집트에서 구출해 내어 기름지고 비옥한 가나안 땅으로 이끌어 가시겠다고 말씀하셨어요.

모세는 한때 이집트 공주의 양아들 자란 자신만만한 청년이었지만, 하나님이 부르셨을 때는 광야에서 양을 치는 한낱 늙은 목자였을 뿐이었지요. 모세는 자신이 할 수 있는 게 아무것도 없다는 것을 알았어요. 다만 하나님만 의지한 채 이집트로 돌아갔답니다. 그리고 자신의 친형 아론과 함께 파라오 앞에 서서 당당하게 말했어요.

"이제 하나님의 백성들이 광야로 가서 하나님을 예배하려고 합니다. 우리를 내보내 주십시오."

하지만 파라오는 이스라엘 백성들을 내보내지 않았어요. 오히려 이스라엘을 전보다 더 많이 괴롭혔지요. 그런 파라오에게 하나님은 재앙을 내리십니다. 나일강의 물이 피가 되는 재앙, 개구리 재앙, 이 재앙, 파리 재앙, 가축이 죽는 재앙, 악성 종기 재앙, 우박 재앙, 메뚜기 재앙, 흑암 재앙, 이렇게 아홉 가지의 재앙을 내리셨어요. 이집트 땅은 거의 폐허가 되었지만, 파라오는 고집을 부리며 이스라엘 백성들을 내보내지 않았어요.

하나님은 마지막 재앙을 내리셨어요. 이집트의 모든 맏아들이 하룻밤 사이에 죽어 버렸습니다. 하나님은 마지막 재앙을 내리기 전, 이 재앙을 피하려면 어린 양을 잡아 그 피를 집 문에 바르라고 하셨어요. 하나님의 말씀을 듣고 어린 양의 피를 바른 이스라엘의 집에서는 맏아들이 죽지 않았답니다. 파라오는 그제야 후회하며 이스라엘 민족을 보냈어요.

이스라엘 백성들은 이 모든 기적을 바라보며 하늘의 하나님이 어떤 분이신지 경험했어요. 이스라엘 백성들은 당당하게 이집트를 나와 홍해 앞에 섰어요. 열 가지 재앙의 기적을 보여 주신 하나님은 홍해를 갈라서, 자기 백성들이 마른 땅을 밟고 건너게 하셨지요. 그리고 다시 마음이 악해져서 뒤쫓아오는 파라오와 그의 군대를 물로 덮어 버리셨어요. 홍해를 건너온 이스라엘 백성들은 이제 이전과는 다른 진짜 하나님의 백성이 된 것 같았지요.

하나님의 백성다워지는 시간

이집트에서 가나안까지는 열흘쯤이면 걸어서 갈 수 있는 길이었어요. 하지만 이스라엘 백성들은 이집트를 나와 광야에서 40년을 머물게 된답니다. 하나님의 백성으로 선택받아 이집트를 나오긴 했지만, 그들에게는 하나님의 백성다워지는 시간이 필요했기 때문이에요.

하나님은 불기둥과 구름기둥으로 이스라엘을 인도하시고, 매일 만나와 메추라기를 내려 그들을 먹이셨어요. 하나님이 구름기둥을 움직이시면 가고, 멈추시면 서는 일을 반복하면서 이스라엘 백성들은 하나님의 뜻에 순종하는 법을 배웠어요. 날마다 내려 주시는 만나와 메추라기를 먹으며 하나님만 의지하는 법도 배웠어요. 광야에서의 40년은 이스라엘이 하나님 나라의 백성다워지는 시간이었답니다.

이야기 속에서 답을 찾아보세요.

1. 아브라함이 하나님의 말씀을 듣고 여행을 시작한 것과, 하늘의 별과 같이 자손을 주시겠다는 하나님의 말씀을 받아들인 것을 무엇이라고 할까요?

2. 이스라엘 백성들이 광야에서 불기둥과 구름기둥을 따라 걷고, 하나님이 매일 내려주시는 만나와 메추라기를 먹으면서 배운 것은 무엇이었나요?

 이야기를 읽고 곰곰이 생각해 보세요.

3. 아브라함과 모세를 자세히 살펴보세요. 하나님의 계획에 따라 쓰이는 사람은 어떤 특징을 가지고 있나요?

인물	하나님께 부르심을 받았을 때의 모습	부르심에 대한 태도	부르심의 결과
아브라함	75세 노인	약속을 믿음.	100세에 이삭을 낳음. '믿음의 조상'이라 불림. 훗날 아브라함의 자손으로 예수님이 태어남. (마리아에게 성령으로 잉태됨)
모세	40세 때 살인을 저지르고 도망자가 되어 40년을 광야에서 양을 치는 목자로 지내다가 80세 때 부르심을 받음.	하나님을 믿고 순종함.	이스라엘 민족이 이집트를 나와 약속의 땅, 가나안으로 향해 감.

4. 하나님은 모든 사람의 삶을 계획하고 인도하십니다. 하나님이 나의 삶에는 어떤 계획을 세우시고 인도하실까요?

5과 이스라엘 나라를 세우셨어요

가나안, 하나님이 약속하신 땅

광야에서 40년을 지내며 하나님의 백성으로 훈련받은 이스라엘은 드디어 하나님이 약속하신 가나안 땅에 들어가게 되었어요. 그들은 요단강이 멈추고 여리고 성이 무너지는 기적을 체험하며 가나안 땅에 들어갔어요. 그것은 이스라엘의 힘이 강해서가 아니라, 그들이 하나님을 믿고 순종했기 때문에 하나님이 승리를 주신 것이었어요. 그리고 하나님이 아브라함과 이삭과 야곱과 모세에게 가나안 땅을 주겠다고 하신 약속을 이루어주신 것이에요. 하나님은 이 약속을 이루기 위해 이집트에서 힘들게 노예 생활을 하던 이스라엘을 해방하여 주시고, 가나안 땅을 선물로 주셔서 자유인으로 살아가게 하셨어요. 이스라엘은 하나님을 섬기고 하나님의 말씀에 순종하며 하나님의 축복을 누리는 나라로 세워졌어요.

하나님은 모든 사람을 구원하고 이 세상을 회복하기 위해 한 사람, 아브라함을 선택하시고, 그의 후손들인 이스라엘을 하나님의 거룩한 백성으로 삼으셨어요. 이 거룩한 백성들을 통해 하나님이 다스리는 하나님 나라를 세상에 보여 주려고 하셨지요. 이제 이스라엘은 하나님의 축복을 세상 모든 사람에게 나누어주며 하나님과 그들을 이어주는 제사장 나라[*]가 될 거예요. 이스라엘은 하나님을 알지 못하고 우상을 섬기며 죄악에 빠진 사람들에게 하나님과 하나님의 말씀을 전하고 가르쳐주는 나라가 될 거예요.

이스라엘 나라 이야기

이스라엘은 가나안 땅에 살면서 점점 하나님의 말씀에 순종하지 않고 하나님을 잊어버렸어요. 하나님을 믿는 믿음을 버리고 가나안 땅의 우상인 바알이라는 신을 숭배하며 온갖 나쁜 짓을 저질렀어요. 하나님의 말씀과 상관없이 자기 생각과 욕심에 따라 죄를 지으며 살아갔어요.

제사장 나라: 하나님을 섬기기 위해 특별히 선택된 하나님의 왕국

이스라엘은 주변의 다른 나라와 같이 사람이 왕이 되는 나라를 만들었어요. 하나님이 다스리는 것보다 사람이 왕이 되는 나라가 더 강하고 멋지다고 생각하였지요. 이스라엘의 첫 번째 왕으로 사울이 세워졌어요. 그는 처음에는 겸손하게 하나님의 말씀을 따르며 이스라엘을 다른 나라의 괴롭힘으로부터 구해주었어요. 그러나 시간이 흐르며 교만해져서 하나님의 은혜를 잊어버리고 하나님의 말씀에 순종하지 않았어요.

하나님은 사울 대신 다윗을 왕으로 세우셨어요. 다윗은 소년이었을 때 하나님을 조롱하였던 거인 골리앗에 맞서서 싸운, 하나님을 경외˚하고 사랑하는 사람이었어요. 다윗은 왕이 되어 이스라엘 12개의 지파를 하나의 공동체로 통일하고 강한 나라를 만들었어요. 가나안 땅에서 바알과 같은 우상을 숭배하지 못하게 하고, 백성들을 정성껏 돌보며 정의롭게 나라를 다스렸어요. 그래서 하나님은 다윗에게 다윗의 가문을 지켜주시고 그의 후손을 통해 이 세상을 구원할 위대한 왕을 보내실 것이라고 약속하셨어요.

그 후 다윗의 아들 솔로몬이 왕으로 세워졌어요. 솔로몬은 하나님께 지혜를 구하며 이스라엘 나라를 잘 다스릴 수 있게 해달라고 기도했어요. 하나님은 이 기도를 기뻐하시고 그가 구한 지혜뿐만 아니라 부귀와 영광도 함께 주셨어요. 솔로몬의 위대한 업적 가운데 하나는 예루살렘에 하나님께 예배드리는 성전을 지은 것이에요. 이 성전은 하나님이 이스라엘과 함께하신다는 상징이었고, 이스라엘은 이 성전을 중심으로 하나님을 예배하며 살아갔어요. 또한 이 성전에서 이스라엘뿐만 아니라 모든 사람이 하나님께 나아와 예배할 수 있게 되었어요. 이스라엘이 제사장 나라가 되어 모든 사람에게 하나님의 말씀을 가르쳐주며 축복을 나누어주는 나라가 되는 것 같았어요.

˚ **경외**: 존경하는 마음으로 조심함

이스라엘의 심판과 멸망

솔로몬은 처음에는 하나님과 백성들을 사랑하는 훌륭한 왕이었지만, 나이가 많아지면서 점점 하나님을 떠났어요. 그는 화려한 왕궁을 짓기 위해 백성들에게 힘든 노동을 시켰고, 하나님을 의지하기보다 자신의 군대와 힘을 의지했어요. 또 하나님을 믿지 않는 수많은 다른 나라의 여인을 사랑하여 아내로 맞아들였어요. 어느새 그 여인들이 믿는 우상들을 솔로몬이 숭배하게 되었고, 이러한 우상숭배는 이스라엘 전체 백성에게 퍼져나가 하나님만을 섬기는 믿음이 흔들리게 되었어요. 하나님은 솔로몬에게 두 번이나 나타나셔서 우상을 섬기지 말고 하나님께로 돌아오라고 말씀하셨지만, 솔로몬은 하나님의 말씀을 따르지 않았어요.

그 후, 하나의 왕국이었던 이스라엘 나라는 북왕국10개 지파과 남왕국2개 지파으로 나누어졌어요. 마치 우리나라가 남한과 북한으로 나누어진 것처럼요. 그리고 서로 미워하는 사이가 되어 자주 전쟁을 벌였고, 많은 백성들이 죽거나 다쳤어요. 두 왕국 대부분의 왕이 하나님을 두려워하지 않고 우상을 숭배하며 백성들을 괴롭혔어요.

하나님은 악한 왕들에게 경고하고 하나님을 떠난 이스라엘 백성들을 회개시키기 위해 엘리야, 엘리사, 이사야, 예레미야 등 많은 선지자를 보냈어요. 하지만 그들은 선지자들의 말을 듣지 않고 오히려 그 선지자들을 때리고 죽이기까지 하였어요. 또한 이스라엘의 힘 있는 사람들은 외국인, 고아, 과부와 같이 가난하고 약한 사람들을 심하게 괴롭혔어요. 결국 이스라엘은 하나님의 심판을 받아서 북왕국은 앗수르에게, 남왕국은 바벨론에게 멸망했어요. 하나님의 성전은 완전히 파괴되고, 성벽은 무너졌으며, 수많은 사람이 포로로 잡혀갔어요.

그러나 하나님은 이스라엘과 모든 사람을 구원하시려는 계획을 포기하지 않으셨어요. 선지자들을 통해 이스라엘의 잘못을 꾸짖고 심판을 경고하셨지만, 동시에 포로로 끌려간 이스라엘이 다시 고향으로 돌아올 것이라는 소망의 말씀도 주셨어요. 아울러 한 위대한 왕을 이 땅에 보내셔서 이스라엘과 온 세상을 구원하고 회복하겠다고 약속하셨어요.

Q & A

 이야기 속에서 답을 찾아보세요.

1. 하나님이 보시기에 다윗은 어떤 사람이었나요? 사도행전 13:22

2. 하나님은 이스라엘이 어떤 나라가 되기를 원하셨나요? 출애굽기 19:6

이야기를 읽고 곰곰이 생각해 보세요.

3. 이스라엘의 왕과 백성들은 왜 하나님을 떠나 하나님의 말씀에 순종하지 않았을까요? 사사기 21:25, 이사야 47:10

4. 이스라엘의 계속되는 반역과 죄악을 보시는 하나님의 마음은 어떠
하셨을까요? 마태복음 23:37

_____

_____

_____

_____

_____

6과 왕이 오실 것이라 약속하셨어요

다시 세워지는 이스라엘 나라

하나님은 하나님의 거룩한 백성들로 이스라엘 나라를 세우셔서, 하나님의 영광과 이름을 세상 사람들에게 나타내고 그들을 구원하고자 하셨어요. 그러나 이스라엘이 하나님을 떠나 죄를 지으며 거룩한 백성으로서의 빛을 잃어버리자, 이러한 계획은 실패할 위기에 처했어요. 하나님은 계속되는 이스라엘의 잘못을 용서해주시고 그들이 하나님께 돌아오기를 간절히 기다리셨지만, 더 이상 이스라엘의 반역을 참으실 수 없었어요.

하나님의 심판을 받아 멸망한 이스라엘 백성들은 여러 나라로 흩어지고, 바벨론에 끌려가 포로로 살아갔어요. 그러나 하나님은 이스라엘을 버리거나 포기하지 않았어요. 70년이 지나면 다시 고향으로 돌아오게 하겠다고 약속하셨지요. 포로로 끌려간 백성들은 하나님이 약속하신 말씀을 믿고, 잘못을 회개하며, 하나님을 믿는 믿음을 지켰어요. 다니엘과 세 친구는 바벨론의 우상들을 섬기지 않았고, 이로 인해 풀무불*과 사자 굴에 던져져서도 믿음을 지켰어요. 하나님은 다니엘과 세 친구를 이러한 위험에서 지켜주셨듯이, 포로 생활을 하는 이스라엘 백성들을 보호해주셨어요. 그리고 하나님이 약속하신 때가 이르자 이스라엘 고향으로 돌아가게 하셨어요. 마치 옛날에 이집트에서 노예로 살았던 이스라엘이 해방되어 가나안으로 들어왔던 것과 같이, 바벨론에서 나와서 그리운 고향으로 돌아가게 된 것이지요.

고향으로 돌아와 보니 이스라엘 땅은 성전과 마을이 파괴되고 성벽이 무너진 상태로 오랫동안 버려져 있었어요. 하지만 백성들은 힘을 내서 이스라엘 나라를 다시 세우기 시작했어요. 무엇보다 그들이 제일 먼저 한 것은 하나님께 예배드릴 성전을 다시 짓는 일이었어요. 그들은 성전을 지으며 다시는 우상을 섬기지 않고 오직 하나님 한 분만을 섬기기로 다짐했어요. 그리고 하나님의 말씀으로 믿음을 굳게 세웠어요. 지도자들은 백성들에게 하나님의 말씀을 부지런히 가르쳤고, 백성들은 열심히 배우며 말씀대로 살려고 노력했어요. 다른 나라들의 위협 속에서도 이스라엘 백성들은 한마음이 되어 무너진 성벽을 다시 튼튼하게 세웠어요.

***풀무불**: 바람을 일으키는 도구인 풀무를 사용하여 피운 불

왕이 오신다는 약속

이스라엘 나라가 다시 세워진 이후 한동안 이스라엘은 하나님의 말씀을 잘 지켰어요. 그러나 시간이 흐르며 그들은 또다시 하나님을 잊어버리고, 우상을 숭배하며, 하나님의 말씀을 따르지 않았어요. 특히 성전에서 제사를 드리고 백성들에게 말씀을 가르치며 본이 되어야 할 제사장들이 오히려 하나님을 무시하고, 자신의 욕심을 채우고자 나쁜 짓을 저질렀어요. 구약의 마지막 선지자인 말라기는 이러한 이스라엘의 죄악을 경고하는 것으로 구약 성경을 마무리하고 있어요. 그리고 400여 년 동안 하나님은 이스라엘에게 아무 말씀도 주지 않으셨어요.

그러나 이스라엘의 계속되는 반역 가운데서도 모든 사람을 구원하시려는 하나님의 사랑과 계획은 변함없이 계속 이어졌어요. 하나님은 여러 선지자를 통해 위대한 왕을 보내기로 약속하셨다고 알리셨어요. 그 왕은 모든 사람에게 구원의 빛이 될 것이고, 이 땅에 하나님 나라를 세울 것이라고 하셨어요.

그 왕은 바로 하나님의 아들이신 예수님이에요. 이사야 선지자는 다음과 같이 예수님에 관한 약속을 전해주었어요.

> 그는 실로 우리가 받아야 할 고통을 대신 받고, 우리가 겪어야 할 슬픔을 대신 겪었다. 그러나 우리는, 그가 징벌을 받아서 하나님에게 맞으며, 고난을 받는다고 생각하였다. 그러나 그가 찔린 것은 우리의 허물 때문이고, 그가 상처를 받은 것은 우리의 악함 때문이다. 그가 징계를 받음으로써 우리가 평화를 누리고, 그가 매를 맞음으로써 우리의 병이 나았다. 우리는 모두 양처럼 길을 잃고, 각기 제 갈 길로 흩어졌으나, 주님께서 우리 모두의 죄악을 그에게 지우셨다. _이사야 53:4~6

이스라엘 백성들이 계속하여 하나님께 반역하고 순종하지 않았던 것처럼, 사람들은 하나님을 떠나 죄악에 빠져서 하나님의 심판을 받을 수밖에 없었어요. 그러나 하나님은 예수님을 이 땅에 보내셔서 사람들의 죄를 대신하여 징계를 받게 하시고, 사람들의 죄를 용서해주겠다고 약속하셨어요. 또한 예수님이 이 땅에 오시면, 하나님을 멀리

떠나 흩어졌던 사람들이 자신의 잘못을 뉘우치고 하나님에게로 돌아오게 될 것이라고 하셨어요. 그들은 예수님으로 인해 죄를 용서받고 하나님의 자녀가 되어 영원한 생명과 풍성한 삶을 누릴 거예요.

왕이신 예수님이 세우시는 하나님 나라

다른 선지자 예레미야는 예수님이 왕으로 이 땅에 오셔서 하나님 나라를 세우실 것이라고 전해주었어요.

> 내가 다윗에게서 의로운 가지가 하나 돋아나게 할 그 날이 오고 있다. 나 주의 말이다. 그는 왕이 되어 슬기롭게 통치하면서, 세상에 공평과 정의를 실현할 것이다. _예레미야 23:5

이스라엘 나라에는 다윗과 같은 훌륭한 왕도 있었지만, 대부분의 왕은 하나님을 무시하고 자신의 힘을 과시하며 백성들을 괴롭혔어요. 이렇게 하나님이 아니라 사람이 왕이 되어 다스리는 나라에는 많은 전쟁이 있었고, 백성들은 고통과 슬픔 속에 살아갔지요. 이것을 안타깝게 여기신 하나님이 이제 위대한 왕이신 예수님을 보내겠다고 약속하신 거예요. 그 왕은 온유하고 겸손하며 이 세상을 공평과 정의로 다스릴 거예요. 그 왕이 세우는 하나님 나라는 더 이상 미움과 다툼이 없는, 사랑과 평화가 가득한 나라예요. 그리고 예수님은 하나님이 아름답게 창조하셨지만 죄로 오염되어 고통받고 있는 이 세상을 다시 아름답고 온전하게 회복시킬 거예요.

이렇게 구약 성경은 예수님이 오실 것이라는 약속과 예수님이 세우시는 하나님 나라를 간절히 소망하는 것으로 마무리되어 있어요.

이야기 속에서 답을 찾아보세요.

1. 바벨론 포로 시대에 다니엘과 세 친구들에게 어떤 일이 있었나요?
다니엘 3:17~18

_____

_____

_____

2. 고향으로 돌아온 이스라엘 백성들이 제일 먼저 한 일은 무엇이었나
요? 에스라 3:10

_____

_____

_____

이야기를 읽고 곰곰이 생각해 보세요.

3. 이스라엘의 계속되는 반역과 불순종에도 하나님의 구원 계획은 어
떻게 이어졌나요? 스가랴 9:9, 이사야 9:6

_____

_____

4. 구약에서 선지자들이 예언하였던 예수님은 어떤 분인가요? 그리고 예수님은 어떤 일을 할 것이라고 하였나요?

5. 예수님이 이 땅에 오셨을 때 하나님 나라의 백성들은 어떤 모습으로 변화될까요? 그 전 이스라엘의 모습과 어떤 점이 달라질까요?

요한복음 13:34, 마태복음 5:13~16

7과 예수님이 오셨어요

왕을 기다리는 이스라엘

출애굽을 이끈 모세, 다른 나라의 괴롭힘으로부터 백성을 구한 사사들, 이스라엘을 강한 나라로 이끈 다윗과 솔로몬, 포로귀환과 재건을 이끈 스룹바벨과 느헤미야와 같이 이스라엘이 위기에 빠질 때마다 하나님은 위대한 사람들을 보내주셨어요. 이들은 한순간 이스라엘을 구원하는 듯했으나 근본적인 문제를 해결하지는 못했답니다. 이스라엘은 시간이 흐르면 또다시 죄를 짓고 절망에 빠지기를 반복해야만 했어요. 그 이유는 이들이 진정한 왕이 아니었기 때문이에요. 하지만 하나님은 선지자들을 통하여 이스라엘을 구원할 진정한 왕을 보내주시겠다고 약속하셨답니다.

> 그가 다윗의 보좌와 왕국 위에 앉아서, 이제부터 영원히, 공평과 정의로 그 나라를 굳게 세울 것이다. _이사야 9:7

하나님이 보내실 왕은 다윗의 후손이며, 영원히 공평과 정의로 하나님의 나라를 굳게 세우실 분이랍니다.

예수님의 탄생

구약의 마지막 선지자 말라기의 예언 이후 400여 년이 지난 어느 날 다윗의 후손 요셉과 약혼한 처녀 마리아에게 천사가 나타났어요. 천사는 그 집에 들어가 마리아에게 "은혜를 받은 자여, 기뻐하여라. 주님께서 너와 함께 하신다."라고 하였어요. 마리아는 이런 인사말이 무슨 뜻인지 몰라 어리둥절하였답니다. 그러자 천사가 말하였어요.

"마리아야, 무서워하지 말아라. 너는 하나님의 은혜를 받았다. 이제 네가 임신하여 아들을 낳을 것이다. 이름을 '예수'라고 불러라. 그는 위대한 인물이 될 것이며 가장 높으신 하나님의 아들이라고 불릴 것이다. 주 하나님께서 그의 조상 다윗의 왕위를 그에게 주실 것이니 그가 영원히 이스라엘을 다스릴 것이며 그의 나라는 끝없이 계속될 것이다."

마리아는 처녀였기에 어떻게 아들을 낳을 수 있을지 몰랐지만, 천사는 성령님과 하나님의 능력으로 이루어질 것이라는 말을 남기고 떠났답니다. 마리아는 임신하였고 아들을 낳았어요.

예수님은 베들레헴이라는 작은 마을에서 태어나셨어요. 예수님이 태어나자 동방의 박사 세 사람이 별을 따라 예수님을 찾아와 예물을 드리며 경배했어요. 예수님의 어릴 때 이야기는 성경에 많이 나오지는 않지만, 예수님은 사람들과 하나님께 사랑받는 지혜로운 아이였다고 합니다.

예수님의 가르침

예수님은 아버지 요셉을 도와 목수 일을 하던 중 세례 요한에게 세례를 받고 하나님 나라를 전하기 시작하셨어요. 예수님은 사람들에게 가장 먼저 자신의 죄를 회개하고 하나님 나라를 준비하라고 가르치셨어요. 예수님이 회당*에서 성경을 펴고 이사야의 61장 1~2절을 읽어 주신 적이 있어요. 거기에는 '주님의 영이 내게 내리셨다. 주님께서 내게 기름을 부으셔서, 가난한 사람에게 기쁜 소식을 전하게 하셨다. 주님께서 나를 보내셔서, 포로 된 사람들에게 해방을 선포하고, 눈먼 사람들에게 눈 뜸을 선포하고, 억눌린 사람들을 풀어 주고, 주님의 은혜의 해를 선포하게 하셨다.'라고 쓰여 있었답니다. 예수님은 이 성경 말씀 그대로 3년의 삶을 사셨어요. 사람들에게 복음**을 전하시고, 진리를 가르치셨으며, 눈이 먼 사람과 중풍 병자를 고치셨고, 죄에 묶여 있던 사람들을 해방하여 주시기도 했답니다.

어느 날 예수님이 제자들과 함께 배를 타고 호수를 건너고 있었어요. 가는 도중 갑자기 큰 폭풍이 휘몰아쳐서 배가 침몰하게 되었습니다. 그런데 예수님이 성난 파도를 꾸짖으시자 폭풍이 그치고 물결이 잔잔해졌어요. 바람과 물도 예수님의 말씀에 순종하였답니다.

---

*회당: 유대인들이 모여 예배를 드리고 교육을 하던 곳
**복음: 기쁜 소식. 예수님과 하나님 나라에 관한 이야기

예수님의 일행이 호수를 건넜을 때 귀신 들린 사람과 마주치게 되었어요. 그는 오 랫동안 옷을 입지도 않았고 집을 뛰쳐나와 공동묘지에서 살았답니다. 그가 예수님을 보자 소리 지르며 예수님 발 앞에 엎드려 "가장 높으신 하나님의 아들 예수님, 내가 당 신과 무슨 상관이 있습니까? 제발 나를 괴롭히지 마십시오."하고 외쳤어요. 예수님은 귀신을 내쫓으시고 귀신 들린 사람을 낫게 하셨답니다.

예수님의 삶을 옆에서 지켜본 제자 베드로는 예수님을 살아계신 하나님의 아들 그리스도*라고 고백했어요. 하지만 예수님을 하나님이 보내신 진정한 왕으로 생각하 는 사람들은 여전히 많지 않았답니다. 예수님은 제자들에게 자신이 예루살렘에 올라 가 장로들과 대제사장들과 율법학자들에게 많은 고난을 받고 죽었다가 3일 만에 다시 살아나게 될 것이라고 말씀하셨어요.

---

* **그리스도**: 히브리어로 '메시아'이며 기름 부음을 받은 자, 왕과 구세주를 뜻함.

이야기 속에서 답을 찾아보세요.

1. 다윗과 솔로몬처럼 훌륭한 왕이 이스라엘을 다스렸는데도 이스라엘은 왜 또다시 죄를 짓고 절망에 빠지기를 반복했을까요?

2. 예수님의 이야기를 잘 읽어 보았나요? 예수님이 하신 일들을 말해 보세요.

 이야기를 읽고 곰곰이 생각해 보세요.

3. 예수님이 하신 일을 보며 여러분은 예수님이 누구라고 생각하나요?

4. 사람들은 예수님이 하신 놀라운 일들을 보면서도 예수님을 하나님
이 보내신 왕으로 인정하지 않았습니다. 그 이유는 무엇일까요?

8과 하나님 나라의 회복이 시작되었어요

죄는 처음에는 삶에 별 문제가 없는 것처럼 보일 수 있지만

죄
come on
이리와~

결국 내 삶을 짓누르고 죽음에 이르게 하는 것이기에...

죄 죄 죄 죄 죄
살려줘...

우리가 죄에 빠져 고통스러워하는 모습을 차마 더 이상 보실 수 없으셨던 하나님,

우리 아버지께서는

가장 사랑하는 것을, 나를 살리기 위해 내어주셨어.

바로 하나님의 아들, 예수님이지

예수님 전 너무

죄로

얼룩졌는걸요

우리가 비록 죄를 지었다 하더라도

예수님께서는 그런 우리를 깨끗하게 해주시기 위해 이 땅에 오셨어

그러니...

주님을 멀리하지 말고 더 주님 앞으로 달려가자!

예수님의 죽음과 하나님의 법

예수님을 진정한 왕으로 생각하지 않는 사람들은 예수님이 하나님을 모독한다고 생각했어요. 많은 사람이 예수님을 따르자, 예수님을 시기하기도 했지요. 그들은 예수님을 죽일 계획을 세웠고, 그들의 모함으로 결국 예수님은 십자가에 매달려 돌아가시고 말았어요. 하지만 이 모든 일은 오래전부터 계획된 것이었답니다.

> 그러나 그가 찔린 것은 우리의 허물 때문이고, 그가 상처를 받은 것은 우리의 악함 때문이다. 그가 징계를 받음으로써 우리가 평화를 누리고, 그가 매를 맞음으로써 우리의 병이 나았다. _이사야 53:5

예수님이 태어나기 몇백 년 전에 기록된 이사야 말씀이에요. 예수님에 대한 예언의 말씀이지요. 예수님이 찔리고 상처받고 징계를 받을 거라고 예언하고 있잖아요. 세상에 오신 왕, 하나님의 아들 예수님은 왜 십자가에 달려 돌아가셔야 했을까요? 그것은 우리의 죄와 허물 때문이에요.

> 모든 사람이 죄를 범하였습니다. 그래서 사람은 하나님의 영광에 못 미치는 처지에 놓여 있습니다. _로마서 3:23

> 죄의 삯은 죽음이요, 하나님의 선물은 우리 주 예수그리스도 안에서 누리는 영원한 생명입니다. _로마서 6:23

> 사람이 한 번 죽는 것은 정해진 일이요, 그 뒤에는 심판이 있습니다. _히브리서 9:27

우리는 죄를 지었기 때문에 하나님께 다가가지 못하게 되었어요. 하나님은 죄를 지은 사람과 함께할 수 없는 분이기 때문이에요. 우리는 죄 때문에 죽게 되었고, 죽음 이후에는 심판을 받아야 해요. 이것이 하나님의 법이에요. 하지만 하나님은 우리를 매우 사랑하셨답니다. 죄를 짓고 용서 구하기를 반복하는 이스라엘의 긴 역사를 기억하나요? 하나님은 끊임없이 우리를 구원하기 위해 노력하셨어요. 결국 우리를 위해 자기 아들을 세상에 보내셨고 십자가에 달려 돌아가시게 하셨지요.

> 우리는 모두 양처럼 길을 잃고 각기 제 갈 길로 흩어졌으나 주님께서 우리 모두의 죄악을 그에게 지우셨다. _이사야 53:6

하나님은 오래전부터 우리를 구원하기 위한 계획을 세우셨어요. 구약시대 사람들이 죄를 용서받기 위해 양이나 염소를 제물로 드린 것처럼, 하나님은 예수님을 희생제물로 삼고 사람들의 죄를 용서하기로 작정하신 것이지요. 이것이 하나님의 사랑입니다. 예수님이 달려 돌아가신 십자가는 하나님이 우리에게 주시는 사랑의 증거예요. 예수님의 피로 우리의 더러운 죄가 깨끗하게 되었지요. 그래서 우리는 십자가 앞에서 우리의 죄를 고백하고 용서받을 수 있는 거예요.

예수님의 부활과 하나님 나라의 회복

죄없이 돌아가신 예수님은 사흘 만에 다시 살아나셨어요. 사람은 한번 죽으면 다시 살아나지 못합니다. 하지만 예수님은 부활하셔서 우리에게 소망을 주셨어요.

> 주 예수를 살리신 분이 예수와 함께 우리도 살리시고 여러분과 함께 세워주시리라는 것을 우리는 알고 있습니다. _고린도후서 4:14

우리는 언젠가 죽게 됩니다. 하지만 예수님이 죽음에서 다시 살아나신 것처럼, 우리도 죽음에서 부활하여 하나님 나라에서 다시 살아갈 수 있게 되었어요. 부활하신 예수님을 직접 목격하고 그분의 가르침을 들은 제자들은 예수님이야말로 구약 선지자들이 말한 진정한 왕이라는 사실을 깨닫게 되었답니다.

그때에는, 이리가 어린 양과 함께 살며, 표범이 새끼 염소와 함께 누우며, 송아지

와 새끼 사자와 살진 짐승이 함께 풀을 뜯고, 어린아이가 그것들을 이끌고 다닌다. _이사야 11:6

아담이 죄를 지으면서, 하나님과 사람의 관계뿐 아니라 하나님과 세상 모든 것과의 관계도 깨지게 되었어요. 하지만 깨져 버렸던 관계가 예수님 덕분에 회복될 수 있었답니다. 이사야 선지자는 하나님과의 관계가 회복된 세상을 이리와 어린 양이 함께 사는 모습으로 그리고 있어요. 하나님 나라는 표범이 어린 염소와 함께 눕고, 송아지와 새끼 사자가 함께 먹는 곳이랍니다. 아담이 하나님을 대신해서 피조물의 이름을 지어주고 다스렸던 것처럼 예수님은 죄를 용서받은 우리에게 하나님 나라를 회복해 나가라는 사명을 주셨어요.

부활하신 지 40일이 지난 뒤 예수님은 하늘로 다시 돌아가셔야 했어요. 돌아가기 전 제자들에게 이 말씀을 남기셨지요.

그러므로 너희는 가서 모든 민족을 제자로 삼아서, 아버지와 아들과 성령의 이름으로 세례를 주고, 내가 너희에게 명령한 모든 것을 그들에게 가르쳐 지키게 하여라. 보아라, 내가 세상 끝날까지 항상 너희와 함께 있을 것이다. _마태복음 28:19~20

제자들은 예수님의 말씀에 순종했고, 복음은 우리에게까지 전해지게 되었답니다.

이야기 속에서 답을 찾아보세요.

1. 이사야 53장 5절 말씀을 다시 한번 읽어 보세요. 예수님이 찔리고 상한 이유는 무엇인가요?

_____

_____

_____

2. 죄를 지은 사람은 어떻게 되나요?

_____

_____

_____

3. 구약시대에는 죄를 지으면 어떻게 해야 용서받을 수 있었나요?

_____

_____

_____

4. 십자가 앞에서 죄를 고백하면 용서받을 수 있는 이유는 무엇인가요?

5. 예수님의 부활은 우리에게 어떤 의미가 있나요?

이야기를 읽고 곰곰이 생각해 보세요.

6. 십자가 앞에서 죄를 고백하면 용서받을 수 있습니다. 여러분에게도 용서받고 싶은 죄가 있나요? 있다면 나누어 주세요.

9과 하나님 나라가 완성될 거예요

교회의 시작

부활하신 예수님이 하늘로 올라가시기 전, 제자들에게 당부하셨습니다.

> 너희는 예루살렘을 떠나지 말고, 내게서 들은 아버지의 약속을 기다려라. 요한은 물로 세례를 주었으나, 너희는 여러 날이 되지 않아서 성령으로 세례를 받을 것이다. _사도행전 1:4~5

제자들은 이 말씀에 따라 한곳에 모여 있었어요. 그러던 어느 날, 갑자기 세찬 바람이 부는 듯한 소리가 하늘에서 나더니 온 집안을 가득 채웠습니다. 뒤이어 솟아오르는 듯한 불길이 나타나 여러 갈래로 갈라지더니 모여 있던 사람들 위에 내려앉았답니다. 예수님이 약속하신 성령님이 오신 것이었어요!

성령님은 먼저 제자들이 각각 다른 민족의 말을 하게 하셨습니다. 신기하지요? 다른 언어를 배운 적도 없는데 갑자기 말할 수 있게 되었으니까요. 그것은 하나님이 세상 모든 민족에게 예수님이 전해지기를 바라셨기 때문이에요. 실제로 성령을 받은 사람들은 복음을 전했고 때로는 한 번에 수천 명씩 예수님을 믿게 되기도 했답니다.

예수님을 믿게 된 사람들은 함께 지내면서 내 것, 네 것 따지지 않고 모든 것을 함께 나누어 쓰고 음식을 함께 먹었어요. 또 성전에 열심히 모이면서 모든 사람에게 칭찬받을만한 생활을 했어요. 이것이 바로 교회의 시작이랍니다.

온 세상에 알려진 하나님 나라

처음에 교회는 예루살렘에만 머물러 있었습니다. 온 세상에 복음이 전해지기를 바라셨던 하나님은 하나님 나라의 확장을 위해 의외의 인물을 선택하셨지요.

큰 도시 다마스쿠스로 가는 길, 사울이라는 청년은 마음이 급했어요. 어서 가서 예수님을 믿는 사람들을 모조리 잡아들일 생각이었거든요. 사울은 예수님이 하나님의 아들이 아니라고 생각했고, 그런 예수님을 믿는 사람들도 그릇된 믿음을 가진 사람들이라 여겼답니다.

도시에 거의 다다랐을 때, 갑자기 하늘로부터 환한 빛이 사울을 비췄어요. 사울은 땅에 납작 엎어져 꼼짝도 하지 못했지요.

"나는 네가 핍박하는 예수다. 일어나서 성안으로 들어가거라. 네가 해야 할 일을 일러줄 사람이 있을 것이다."

예수님의 목소리가 사울에게 들렸어요. 예수님이 정말 하나님의 아들이라는 사실을 알게 된 사울은 완전히 다른 사람이 되었지요. 시간이 지나 그는 '바울'이라 불리기 시작했고 일생 동안 그 누구보다도 열심히 복음을 전했어요. 바울은 특히 이미 하나님을 알고 있던 이스라엘 민족이 아니라 하나님을 모른 채 다른 신을 섬기던 민족들에게 예수님을 전했어요. 바울과 같은 예수님의 제자들을 통해 복음은 여러 민족에게 전해졌답니다. 오랜 세월 산을 넘고 바다를 건너 마침내 우리에게도 왔지요. 하나님 나라가 온 세상에 전파된 거예요.

완성될 하나님 나라

복음이 수많은 고난을 뚫고 아시아에까지 전해질 무렵, 예수님의 제자였던 요한은 놀라운 환상을 보게 되었어요. 예수님이 보내신 천사가 장차 일어날 여러 일을 요한에게 보여 주었답니다. 요한은 자기가 본 모든 것을 기록하여 「요한계시록」이라는 책을 만들었어요.

요한계시록의 끝부분에는 완성된 하나님 나라의 찬란한 모습이 등장합니다. 하늘의 하나님께로부터 내려와 모든 것이 새로운 그 도시에는 죽음과 슬픔과 고통이 없을 거라고 해요. 마음껏 마실 수 있는 생명수 강가에는 생명 나무가 있고 여러 민족은 영광과 존귀를 가지고 그곳에 들어올 것이랍니다. 온갖 진귀한 보석들로 건축된 도시의 아름다움은 이루 다 말할 수 없을 정도예요. 그곳은 해와 달이 없어도 환하게 밝은데, 하나님과 예수님이 그 성의 빛이 되어주시기 때문입니다. 이 아름답고 평화로운 나라는 영원할 거라고 해요.

예수님을 믿는 사람은 이 완성된 나라를 반드시 보게 될 것이랍니다. 하늘로 올라가신 예수님이 왕으로서 우리를 다시 찾아오실 때가 바로 그때예요. 요한계시록 마지막에서 예수님은 "내가 곧 가겠다."라고 말씀하셨어요. 예수님이 다시 오시는 그날, 우리가 사는 이 세상의 오랜 역사는 끝이 나겠지요. 하지만 예수님을 믿는 사람들에게 그 끝은 끔찍한 멸망이 아니라 설레는 회복이랍니다. 죄로 파괴되었던 모든 것들을 다시 완전하게, 그것도 아주 새롭게 만들겠다고 예수님이 약속하셨거든요. 예수님과 예수님을 사랑하는 사람들의 이야기는 그 후에도 영원히 이어질 거예요. 지금 이 순간에도 세계 곳곳에는 예수님을 기다리며 믿음으로 살아가는 사람들이 있어요. 불완전한 세상을 살아가며 그들은 언제나 마음속 깊이 외치고 있어요.

"어서 오세요, 주 예수님!"

이야기 속에서 답을 찾아보세요.

1. 예수님은 남겨진 제자들에게 누구를 보내주셨나요?

_____

_____

_____

_____

2. 예수님을 만나기 전과 예수님을 만난 후 바울의 삶은 어떻게 다른 가요?

_____

_____

_____

_____

3. 예수님이 다시 오시는 날, 우리와 세상은 어떤 일을 겪게 되나요?

_____

_____

_____

 이야기를 읽고 곰곰이 생각해 보세요.

4. 여러분이 알고 있는 가장 훌륭한 왕은 누구인가요? 그 왕이 다스리던 때에 백성들에게는 어떤 좋은 일들이 있었나요?

_____

_____

_____

_____

5. 최고의 왕이신 예수님이 다스릴 하나님 나라는 지금 우리가 사는 이 세상과 어떻게 다를까요? 완벽한 그 나라를 상상하며 다양한 이야기를 나누어 봅시다.

_____

_____

_____

_____

_____

10과 하나님의 자녀로 부르셨어요

하나님 나라에 들어갈 사람? 들어간 사람!

완벽한 하나님 나라! 그러나 그곳에 아무나 들어갈 수 있는 것은 아니랍니다. 과연 어떻게 해야 그 나라의 사람이 될 수 있을까요? 예수님은 이렇게 말씀하셨어요.

> 내가 곧 길이요 진리요 생명이다. 나로 말미암지 않고서는 아무도 아버지께로 올 사람이 없다. _요한복음 14:6

예수님만이 그 나라에 들어갈 유일한 길이라는 이 말씀에, 많은 사람은 머리를 갸우뚱할지도 모릅니다. 착한 일을 열심히 하는 것이 죽어서 '좋은 곳'에 가는 방법이라 믿는 사람들이 많거든요. 그러나 사람들의 생각과 달리 예수님은 착한 일과는 별 상관이 없어 보이는 죄수를 받아들이셨고 사람들 사이에 평판이 좋지 않았던 삭개오라는 사람도 구원하셨어요. 예수님은 대체 왜 그러신 걸까요?

> 때가 찼다. 하나님 나라가 가까이 왔다. 회개하여라. 복음을 믿어라. _마가복음 1:15

예수님은 말씀을 처음 전했을 때부터 사람들에게 회개하라고 가르치셨어요. 회개한 사람만이 하나님 나라에 들어갈 수 있기 때문이지요. 죄수와 삭개오는 회개했기 때문에 하나님 나라의 사람이 될 수 있었답니다.

성경은 우리가 모두 죄인이라는 사실을 알려주고 있어요. 성경에서 말하는 죄는 단지 나쁜 마음을 먹거나 나쁜 행동을 하는 것만이 아니랍니다. 죄는 아담과 하와처럼 하나님이 나의 왕이 되는 것을 싫어하는 거예요. 내가 나의 주인이 되고 심지어는 하나님처럼 되려고 하는 것이 바로 죄입니다. 우리가 세상에서 보고 듣는 온갖 나쁜 행동은 다 이런 마음으로부터 나오는 것들이지요.

회개한 사람은 이와 반대로 삽니다. 그는 하나님을 내 왕, 내 주인이라 굳게 믿어요. 그래서 자기 마음대로가 아니라 하나님의 뜻대로 살고, 매 순간 하나님을 기쁘게 해드

리려 노력하지요. 왕의 다스림을 받는 곳은 어느 곳이든 그 왕의 나라인 것과 같이, 하나님의 다스림을 받는 사람은 이미 하나님 나라에 들어와 사는 것이랍니다. 영원히 있을 나라에 바로 지금부터 살기 시작하는 특권을 누리고 있는 것이지요!

하나님 나라를 완성해가는 사람

회개는 하나님과 사람의 관계를 회복시켜 줍니다. 하나님이 사람을 창조하시며 품었던 아름다운 계획이 실현되게 해 주지요.

> 우리가 우리의 형상을 따라서 우리의 모양대로 사람을 만들자. 그리고 그가 바다의 고기와 공중의 새와 땅 위에 사는 온갖 들짐승과 땅 위를 기어다니는 모든 길짐승을 다스리게 하자. _창세기 1:26

하나님의 계획은 사람을 하나님의 형상대로 만들어 세상을 다스리게 하려는 것이었습니다. 그러나 죄로 인해 하나님의 형상이 깨어졌고 타락한 사람들이 세상을 잘못 다스려 온 세상은 고통을 당하게 되었지요. 성경에는 피조물이 고통 속에 신음하면서 하나님의 자녀들이 나타나기를 간절히 기다린다고 가르치고 있어요.

예수님을 믿어 하나님의 형상이 회복된 사람이야말로 하나님 마음에 맞게 세상을 다스릴 수 있는 하나님의 자녀랍니다. 끊임없이 생명을 파괴하고 괴롭히는 사람들과 달리, 하나님의 자녀는 하나님이 온 세상을 돌보시듯 모든 생명을 돌보며 살아가지요. 그래서 한 사람이 예수님을 믿게 되는 것은 그 자신에게뿐만 아니라 세상에게도 중요한 문제랍니다.

하나님의 선물

죄 때문에 영원히 죽는 벌에서 풀려나 예수님을 믿고 영원히 사는 기회를 선물로 받는 것을 구원이라고 합니다. 구원은 그 어떤 착한 일이나 엄청난 노력으로도 얻어낼 수가 없어요. 이것은 다른 종교와는 다른 기독교의 독특한 가르침이랍니다. 하나님은 구원을 위해 단 하나의 길, '십자가'를 열어두셨어요. 예수님의 죽음과 부활을 믿는 믿음을 통해서만 사람들이 구원을 얻도록 정하신 것이지요.

여러분이 할 수 있는 일은 이 선물을 받을 것인지 아니면 거절할 것인지를 결정하는 거예요. 아직 죄가 무엇인지도 잘 모르고 예수님도 잘 모르지만, 지금까지 우리가 나눈 이야기를 믿고 앞으로 예수님과 함께 살아가기를 원한다면, 감사하는 마음으로 이 선물을 받으면 됩니다. 그 순간 여러분은 하나님 나라 사람이라는 자격을 얻고 그 나라 사람으로 살기 시작하는 거예요. 여러분의 왕이고 주인이신 예수님의 손에 이끌려 살게 되는 것이지요.

아직 이 선물을 받기가 망설여진다면요? 너무 걱정하지는 마세요. 예수님을 맞이할 때까지 오래 고민하는 경우도 있거든요. 예수님을 믿고 그분을 따라 살아가는 것이 결코 쉬운 일은 아니니 충분히 생각해 보고 결정하는 것이 좋습니다. 그러나 꼭 기억하세요. 선택의 시간이 무한히 주어져 있지는 않답니다.

그를 맞아들인 사람들, 곧 그 이름을 믿는 사람들에게는, 하나님의 자녀가 되는 특권을 주셨다. _요한복음 1:12

이야기 속에서 답을 찾아보세요.

1. 성경이 알려주는 죄의 뿌리는 무엇인가요?

2. 회개란 무엇인가요?

3. 예수님을 마음에 모신 사람은 어떤 일을 할 수 있게 되나요?

4. 구원을 얻기 위해 내가 할 수 있는 유일한 일은 무엇인가요?

 이야기를 읽고 곰곰이 생각해 보세요.

5. 예수님을 믿는다는 것은 예수님을 내 삶의 주인, 나의 왕으로 모시고 따르는 것입니다. 이것은 매우 기쁘고 흥미진진한 한편, 고난이 따르는 일이기도 하지요. 우리가 예수님을 믿는다면 과연 어떤 일들을 경험하게 될까요? 여러분의 선생님처럼 이미 믿음을 가지고 예수님을 따르는 사람들의 이야기를 들어보세요.

_____

_____

_____

_____

_____

6. 여러분은 하나님의 선물을 받을 준비가 되었나요? 자신의 결정을 이야기하고 함께 기도해 봅시다.

_____

_____

_____

_____

_____

기도 제목

쓰담쓰담

감사 기도

감사기도

저자

김문철
초등학교 교사로 아이들을 가르치며, 부천작동교회 집사로 섬기고 있습니다.
하나님 주신 마음으로 아이들을 가르치는 것을 소명으로 살아갑니다.

이주헌
초등학교 교사로 아이들을 가르치며, 오류교회 집사로 섬기고 있습니다.
아이들이 하나님 형상을 조금씩 닮아 가는 것이 가장 큰 기쁨입니다.

이홍우
초등학교 교사로 아이들을 가르치며, 동도교회 집사로 섬기고 있습니다.
아이들이 하나님 나라를 맛보고 예수님에게 한 걸음 다가서도록 돕고 싶습니다.

주종호
초등학교 교사로 아이들을 가르치며, 인천소풍교회 집사로 섬기고 있습니다.
선생님을 통해 아이들이 하나님 나라 경험하기를 기대합니다.

호명성
초등학교 교사로 아이들을 가르치며, 동안교회 집사로 섬기고 있습니다.
가정과 교실에서 예수님의 사랑을 실천하기 위해 노력하고 있습니다.

 감수

이풍우
초등학교에서 23년간 아이들을 가르쳤고, 금산별무리교회에서 11년간 목사로 섬겼습니다.
지금은 꿈을 가진 기독교사를 발굴하고 세워가며, 함께 하나님의 나라를 확장하고 있습니다.

교사선교회
1974년 그리스도의 사랑으로 교사의 길을 가고자 꿈꾸었던 기독교사들이 함께 모여 '기독학생회 동문회'로 시작되었습니다. 이후 하나님의 인도하심 가운데 1988년 "하나님은 당신을 교사로 부르셨습니다."라는 교사선교사로서의 부르심과 양육에 대한 비전을 발견하면서 정식으로 선교단체인 '교사선교회'가 되었습니다. 현재 교사선교회는 초교파적이며 전문적인 기독교 선교기관으로서 교사, 예비교사, 다음 세대 복음화와 제자 양육을 위한 전국적인 지역 모임과 캠퍼스 모임을 갖고 있으며 해외선교를 위해 교사선교사를 파송하고 있습니다.

 일러스트

김초롱
웹툰 『초롱이와 하나님』 작가